fougère, verre...

Marion Wolters

TEIL 1/Part 1

© 2019 Marion Wolters

Herstellung und Verlag: BoD – Books on Demand, Norderstedt

ISBN: 978-3-7504-2603-0

Ein Abend im Zirkusland
Elemente Erde, Wasser, Feuer, Luft

Regieanweisungen für die Zirkusnummern/Artisten sowie Erklärungen zu Begriffen aus der Zirkussprache

Stakkatoartig stampfen. In hautengen Kostümen an den Zuschauern vorbei gehen. Die donnernde Musik langsam lauter drehen. Vetiverduft verströmen lassen. Gläserne Vetiverwurzeln*, sich drehen und in verschiedenen Farben aufleuchten lassen. Die Artisten fast einschließen lassen, bis sie sich schlangenförmig aus den kleiner werdenden Öffnungen befreien. Das Licht geht für zwei Sekunden aus, an, aus. Applaus.

Ein kaskadenartig angeordneter Wasserfall erscheint. Keine Musik. Aquatischen Duft verströmen. Mittendrin ein bis an das Zirkuszelt ragender Baum. Artist führt Falltrick (Zirkussprache: auch „Kaskade") aus. Licht aus. Applaus.

Ariana und Mathieu sitzen auf der Estrade. Ein grauer Regentag endet mit einem fulminanten Zirkusabend. Keine Atempause. Keine Zirkuspause. Weiter, kurz, knapp, Tempo, weiter!

Braun-weißes Licht scheint auf eine überdimensionierte Giraffe. Ein harziger Geruch durchströmt die Manege. Ein Feuerschlucker erscheint auf einem Einrad, das in der Zirkussprache ebenfalls „Giraffe" heißt. Eine Artistengruppe stellt eine Giraffe nach, springt durch das Einrad. Ist plötzlich weg.

Farnlandschaft, Kiefernduft, erdiger Duft. Menschenkopf nachgebaut aus Farnen. Ein Artist im Farnenkostüm bietet einen Handstand ohne Hände, in der Zirkussprache „Einkopf", dar. Assoziation für Zuschauer herstellen: Freikopf.

Schlussbild aller Artisten mit Farnen und blauen Pfauen.

* tropische Süßgrasart, die wie Farne den Boden mit ihren verzweigten Wurzeln vor der Erosion schützt. Nach zwölf Monaten erhält sie ihre ideale Länge von einem Meter.

An evening in the circus country
Elements earth, water, fire, air

Stage directions for the circus acts/artists and explanations for terms of the circus language

Stamp stakkato-like. Pass the audience in skintight costumes. Turn on the thundering music in a slow way. Give off the scent of vetiver. Glassy vetiver roots*, make them turn around and light up in various colours. Nearly shut the artists up until they escape from it out of the openings which become smaller and smaller in a snakelike way. The light is switched off for two seconds, off, on, off. Applause.

A waterfall appears which is arranged like a cascade. No music. Give off aquatic scent. In the middle is a tree which sticks out to the circus tent. An artist performs a cascade (circus language: 'cascade',too). Light off. Applause.

Ariana and Mathieu are sitting on the dais. A grey rainy day ends with a brilliant circus evening. No breathing space. No circus break. Go on, briefly, concisely, tempo, go on!

Brown-white light shines on an oversized giraffe. A scent of resin flows through the circus ring. A fire-eater appears on an unicycle which is called 'giraffe' as well. A group of artists performs a giraffe, jumps through the unicycle. Suddenly it disappears.

Fern landscape, pine scent, earthy scent. A human being's head recreated of ferns. An artist in a fern costumes performs a handstand without hands which is called 'one head' in circus language. Create the association for the audience: free thinker.

Final scene with ferns and peacocks.

* tropical sweet grass species which protects the soil with its ramified roots from erosion. After twelve months it gets its ideal lengths of one metre.

Ein Abend im Flirtland
Erkenntnis

Fünf Cent liegen auf dem uralten Teppichboden in einer Künstlerkneipe. Ein japanisches Ensemble stimmt sich mit barocken Instrumenten auf das bevorstehende Sommerkonzert ein.

Die Journalistin Lilly hebt sie auf, bestellt ein Ginger Ale. Bezahlt. Sie denkt an einen gerade gelesenen Text. Lilly fühlt sich wie eine Archäologin, die dessen poetische Textschichten noch abtragen muss, um den fachlichen Kern für eine Reportage freizuschaufeln.

„Fülle einen Raum mit Gedanken der Freiheit", steht am höchsten Punkt des Lichthofes, in den Lilly hineinsieht. „Wie wenig die alte Eichenholzvertäfelung zu den modernen Installationen passt", denkt Lilly. „Mit welchen Gedanken kann man einen so disharmonischen Raum füllen?", fragt sie sich. Sie stellt sich vor, wie jemand einfach Texte in den Raum spricht. Wie Wörter links und rechts in den neu von ihr zu verfassenden Text hineinwuchern. Sie ist jetzt im Flow und schreibt ihre Gedanken schnell auf.

Als sie fertig ist, fällt Lillys Blick auf die Bar, wo ihr Gegenüber, das nicht zur Bedienung gehört, steht. Das schäumende Bier ist halb ausgetrunken. Lilly gefällt der Haarschnitt. Sie ruft ihr Gegenüber mit ihren Augen. Wenig später steht ihr vorheriges Gegenüber neben ihr, bestellt ein Mineralwasser. Schweigt. Tut so, als ob es zufällig neben ihr steht und schaut sich um, berührt sie mit dem Bruchteil eines Blickes. Hat ihr vorheriges Gegenüber die Gabe, seine Liebe durch seine Taten vollkommen auszudrücken? Lilly geht. Nichts ist leichter, als sich auf eine Sommerliebe einzulassen. Küsse in den verschiedensten Farben auszutauschen. Mit Gefühlen zu prassen, um sie zu verlassen. Im Herbst.

Lilly geht vier Stockwerke hinunter durch den Keller in die Natur. Ein Weg, den sie intuitiv findet. An einem improvisierten Essenstand singt jemand zu ihrem Erstaunen indische Mantren. Ihre verschmähte Sommerliebe ist schon gegangen. Mitten zwischen den Feiernden sieht Lilly die Freiheit auf sich zukommen.

An evening in the flirt country

Insight

Five cent lie on the archaic carpet in an artist's pub. A Japanese ensemble with baroque instruments gets in tune with the upcoming summer concert.

The journalist Lilly picks it up, orders a Ginger Ale. Pays. She thinks of a text she has just read. Lilly feels like an archaeologist who has to clear away its poetic text layers to shovel free the functional core for a report.

'Fill a room with thoughts of freedom' is written at the highest point of the atrium Lilly is looking at. 'How little the oak panelling fits to the modern installations', Lilly thinks. 'With which thoughts can you fill such a disharmonic room?', she asks herself. She imagines how somebody is simply speaking words into a room. How words grow rampant from left and right into the text she has to write new. She is in the flow now and quickly writes down her thoughts.

Lilly looks at the bar, when she is ready where her counterpart is standing, who does not belong to the waiter. The foaming beer is drunk out half empty. Lilly likes her counterpart's haircut. She calls her counterpart with her eyes. Standing next to her a little later, her former counterpart looks around, orders a mineral water. Remains silent. Coincidently pretends to stand next to her, touches her with the blink of an eye. Does her former counterpart have the talent to express love with actions in a perfect way? Lilly leaves. Nothing is easier than getting involved in a summer love. Exchanging kisses in various colours. To live the high life with emotions to leave them. In autumn.

Lilly goes four floors down, passes the basement into nature. A way she finds in an intuitive way. To her amazement somebody sings Indian mantras at an improvised food stand. Her disdained summer love has already left. In the middle of the celebrating people Lilly sees how freedom approaches her.

Ein Abend im Geschichtenland
Vereinigung der Gegensätze: Feuer und Wasser

„...jetzt thronte die Farnkönigin auf einem 2 Meter hohen Baumfarn, auf dem auch ein Rosenstengel sitzt, freundlich grüßt und einen schönen Abend wünscht", liest A'nahs Mann, ein ehemaliger Broker, der als Analyst arbeitet, seiner Tochter vor.

„Die heutige Gute-Nacht-Geschichte ist lang. Bist Du müde? Sollen wir morgen weiterlesen?", fragt er sie. „Nein, nein!", kommt erwartungsgemäß zurück. Anah's Mann lächelt. Während sie später schläft, lacht er mit A'nah über die Szene am Nachmittag. Das Mädchen war über die kniehohen Springbrunnen gelaufen. Wespen tranken in der glühenden Sommerhitze Wasser an den Rändern und sie rief: „Sie wollen uns essen!"

An evening in the country of stories
Union of opposites: fire and water

'...now the fern queen is sitting enthroned on a tree fern which is two metres high. A rose stem is also sitting on it. It greets friendly and wishes a nice evening', reads A'nah's husband, a former broker, who works as an analyst, out to his daughter.

'Today's bedtime story is long. Are you tired? Shall we continue to read on tomorrow?', he asks her. 'No, no!', she answers as one might expect. A'nah's husband smiles. While she is sleeping at a later point of time, he laughs with A'nah about a scene which happened in the afternoon. The girl had run over a knee-high fountain. Wasps drank water at its edges in the blistering summer heat and called: 'They want to eat us!'

Ein Abend im Freundesland
Unendlich

Rishikesh, die Stadt am Fuße des Himalayas, an der Quelle des Ganges im Abendlicht. Ariana ist früh genug angekommen, um noch einen Chaitee mit frischem Ingwer an einem der Straßenstände trinken zu können. Sie isst eine Mandarine und passt auf, dass ihr die Affen nicht die Äpfel stehlen.

Gleich würde sie Anthana treffen, den sie lange nicht gesehen hatte. Der Sanskritname „Anthana" bedeutet „endlos". Mädchen und Jungen tragen ihn. Ariana kennt Anthana vom Modern Institute of Technology (MIT).

Sie stellt in ihrer Glasfabrik Reagenzgläser für das MIT her, die Tageslicht speichern, lenken und leiten können, so dass externe Lichtquellen überflüssig sind. Anthana leitete die genetische Abteilung, bevor er als Parfümeur in die großen Dufthäuser der Welt ging, um dort ein Vermögen zu verdienen.

„Ariana!", ruft Anthana und begrüßt sie herzlich. „Du trinkst den Tee von den Straßenständen?" „Ja. Touristen wird empfohlen, dies nicht zu tun. Doch mir ist er immer gut bekommen", lacht sie. „Danke, dass Du mich abholst. Wir haben die Freikarten für den Zirkus übrigens eingelöst – es war unglaublich! Der Zirkus hat unsere Farne und Pfaue sowie meine gläsernen Glasvetiverwurzeln in eine temporeiche Show eingebaut. Wenn Du die Möglichkeit hast, schaue sie Dir auf jeden Fall an!"

Sie laufen den Weg zu Antanas Haus herauf und Ariana freut sich auf die unbeschwerte Partyzeit. Sie wird ihre Freundin A'nah wiedertreffen und viele neue Menschen kennenlernen. Wie jedes Mal amüsiert beobachten, wie die unendliche Langsamkeit der Realität der Schnelligkeit des Denkens weichen wird.

An diesem Abend werden sich armdicke Schlangen im Unterholz unweit von ihnen unbemerkt, frei und gefahrlos an ihnen vorbeischlängeln können.

An evening in the country of friends
Infinite

Rishikesh, the town at the foot of the Himalaya, at the source of the Ganges in the evening light.
Ariana has come early enough to drink a chai tea with fresh ginger at one of the street stalls. She eats a mandarin and takes care that apes do not steal her apples.

In a moment she will meet Anthana, whom she has not seen for a long time. The Sanskrit name 'Anthana' means 'endless'. Girls and boys are given it. Ariana knows Anthana from the Modern Institute of Technology (MIT).

She produces test tubes for the MIT in her glass company which can save, conduct and guide daylight, so that external light sources are superfluous. Anthana led the genetic department before he went to the great fragrance houses of the world to earn a large fortune as a perfumer there.

'Ariana', calls Anthana and welcomes her heartily. 'You drink the tea from the street stalls?' 'Yes. It is recommended to tourists not to do that. However, it has always been good for me', she laughs. 'Thank you for picking me up. We have redeemed the free cards for the circus – it was incredible! The circus has worked our ferns and peacocks as well as my glassy vetiver roots into a faced-paced show. Watch it in any rate, if you have the possibility!'

They run up the way to Anthana's house and Ariana is looking forward to a light-hearted party time. She will meet again her girlfriend A'nah and will get to know a lot of new people. As always she will watch in an amused way how the infinite slowness of reality will give way to the speed of thoughts.

This evening snakes, which are as thick as an arm can wind their way not far from them freely and without being noticed in the undergrowth.

Teil 2/Part 2

MIT Rishikesh, biologische Abteilung

MIT Rishikesh, biological department

Baumfarne

Tree ferns

„Baumfarne wachsen in- tropischen und subtropischen Gebieten, in gemäßigten Klimazonen, in den Regenwäldern in Australien, Tasmanien, Neuseeland und Malaysia.

Baumfarne vertragen keine anhaltende Trockenheit. Nur wenige Arten überleben milde Frostperioden", liest Lilly.

Das überbelichtete Foto erzeugt einen mystischen Effekt, der sie an sehr alte Farnlegenden erinnert. Sie besagen, dass Farnsporen Menschen unsichtbar machen. Lilly denkt an Farne als Heilmittel mit einem entzündungshemmenden Effekt und geht zum Interview mit Ariana and Anthana.

'Tree ferns grow in tropical and subtropical areas, in moderate climate zones, in the rainforests in Australia, Tasmania, New Zealand and Malaysia.

Tree ferns do not tolerate lasting dryness. Only a few species survive mild periods of frost', reads Lilly.

The overexposed photo causes a mystical effect which reminds her of very old fern legends. They say that the fern spores make people invisible. Lilly thinks of ferns as a remedy with an anti-inflammatory effect and goes to the interview with Ariana and Anthana.

Evolution

Ariana Aristorialla und Anthana Agarwal

„Möchten Sie ein neues Zeitalter bewirken?"

Die Glaserfinderin und der Diplombiologe verändern große Teile der Erdoberfläche und bieten neue Möglichkeiten für Besucher ihres Farnglasinstitutes an.

Seit Jahrzehnten gehören die Glaserfinderin Ariana Aristorialla sowie der Wissenschaftler und Unternehmer Anthana Agarwal zu den zukunftsweisenden Menschen auf diesem Planeten. Über ihre aktuellen Aktivitäten sprachen sie mit Bescheidenheit und Enthusiasmus.

Herr Agarwal, wir kennen uns schon seit Jahren und jedes Mal, wenn ich Sie zum Interview treffe, haben Sie wieder etwas Neues in Ihrem Leben begonnen. Können Sie den Lesern von news today erläutern, wie Sie zu Ihrer neuen Idee kamen?
Ich bin Biologieprofessor und habe viele Jahre am MIT in Rishikesh die biologische Abteilung geleitet. Außerdem interessierte mich immer die Welt der Düfte und so wurde ich Parfümeur für viele international bekannte Marken. Irgendwann kam ein französischer Parfümhersteller auf mich zu und bat mich, einen Farnduft für junge Männer und Frauen in den Städten zu kreieren. Farnduft! Unisex! Wer kennt schon den Geruch von Farnen? Welcher junge Mensch in der Stadt hat schon mit Farnen zu tun?

Das klingt spannend. Haben Sie diese Herausforderung angenommen?

Ich zögerte und bat um Bedenkzeit, um darüber nachzudenken. In den nachfolgenden Stunden habe ich zum Thema „Farne" recherchiert und herausgefunden, was ich alles nicht wusste.

Frau Aristorialla, auch wir kennen uns seit vielen Jahren. Sie erfinden nicht nur alles zum Thema Glas neu, sie erfinden auch sich selbst und ihr Unternehmen immer wieder neu. Welche Erfindung können Sie uns heute präsentieren?

Anthana und ich haben das Farnglasinstitut gegründet. Es basiert auf der Idee, dass es Farne seit Millionen Jahren auf unserem Planeten gibt. Farne haben sogar die Dinosaurier überlebt. Es gibt Theorien, wonach die Ausbreitung von verschiedenen Farnarten und Pflanzenarten, die tief in der Erde wurzelten, dazu geführt haben soll, dass sich die Erdatmosphäre um mehrere Grad abkühlte. „Klimawandel" würde man das heute nennen.

Herr Agarwal, was genau bedeutet das für Ihre Idee?

Das MIT in Rishikesh gab mir die Möglichkeit, Baumfarne gentechnisch so zu verändern, dass sie auch in der Wüste überleben können. Dieser experimentelle Prozess hat fast zwei Jahre gedauert und war erfolgreich.

Inwiefern war er erfolgreich?

Wir haben uns mit Regierungsvertretern verschiedener Nationen getroffen und beschlossen, große Teile z.B. der Sahara, aber auch Wüsten auf anderen Kontinenten mit Baumfarnen zu bewalden.

Frau Astorialla, Herr Agarwal und Sie sind Multimillionäre. Die Bewaldung der Wüsten als idealistisches Projekt? Wie haben Sie davon profitiert?

Zugegeben, Geld verdienen war immer ein großer Spaß und eine große Motivation für mich. Tatsächlich hat die Patentierung des Baumfarngens Anthana ein Vermögen eingebracht. Einen Teil hat er in Parfümaktien investiert, einen anderen Teil hat er in einen überdimensionierten gläsernen Pfau investiert, den ich kreiert und hergestellt habe. Dafür habe ich in der Forschungsabteilung meiner Glaserfinderfirma ein Glas entwickelt, dass sich zusammenziehen und ausdehnen kann, so dass der blaue Pfau seine Größe verändern kann. Nach wie vor beliefern Anthana und ich zu 70% die Industrie mit innovativen Glasprodukten und ungewöhnlichen Farnen, z.B. japanischem Farn kürzlich für eine Zirkusshow. Den Umweltgedanken habe ich übrigens schon bei der Gründung meiner komplett solarbetriebenen Firma gelebt.

Herr Agarwal, dann ist das neue Projekt nur ein Nebenprodukt, für das sie noch kostenfrei Werbung erhalten?

Teils, teils.

In der Nähe meines Hauses steht unser Farnglasinstitut. Im Eingang steht Arianas gläserner Riesenpfau. Es ist umgeben von Farnplantagen mit Farnarten aus aller Welt, für die Ariana zum Teil Glashäuser bauen ließ. Die Dächer hat sie aus von ihr erfundenem, biegsamem Glas gestaltet, so dass wir die Dachhöhe der Wachstumsgeschwindigkeit der Baumfarne anpassen können. Wir verbrauchen dadurch nur die tatsächlich von den Pflanzen benötigte Energie.

Forscher stellen im Farnglasinstitut ihr Wissen aus verschiedenen Blickwinkeln zusammen. Lebende Pfaue fressen die kleinen Kobras in den Plantagen ohne Glashäuser, warnen uns vor Raubkatzen und Unwettern. Auf unserem Firmenlogo ist ein Farnwedel und eine gläserne Pfauenfeder zu sehen: die Farnfeder und das Auge des gläsernen Gefiederten.

Frau Aristorialla, welchen persönlichen Vorteil haben Sie davon?
Meine berufliche Laufbahn lief nicht so glatt, wie Sie sich das vielleicht vorstellen. Es gab zwischendurch immer wieder Phasen, in denen ich mir überlegen musste, wie ich weitermachen wollte. Zu diesen Zeiten hätte ich mir gewünscht, dass es einen Ort gibt, wo ich ungebremst Dinge ausprobieren kann.

Ungebremst? In welcher Hinsicht?
Zeitlich, räumlich, inhaltlich. Dieser Ort ist das Farnglasinstitut. Wir stellen Räumlichkeiten und u.a. eine fachliche Infrastruktur zur Verfügung, mit der man unter dem Oberbegriff „Ungelebtes endlich leben" eine Vielzahl neuer Möglichkeiten ausprobieren kann. Möchten Sie ein neues Zeitalter bewirken? Für die Menschheit? Oder vielleicht nur für sich selbst? Sind Ihre Kinder groß und sie haben jetzt die Zeit sich einmal anders auszutoben?

Stimmt es, dass es inhaltlich hauptsächlich um das Erforschen von Glasthemen und Farnen aus verschiedenen Blickwinkeln geht? Sie sagten, dass die Teilnehmer als Gegenleistung die Forschungsergebnisse dem Farnglasinstitut überlassen.
Die zusätzlichen Räume wurden gebaut, um neben Farn- und

Glasthemen auch einen Raum für andere Fachgebiete zu schaffen. Oder einfach nur, um Zeit für sich selbst zu haben, um sich besser mit sich selbst anzufreunden (lacht). Was haben Farne uns voraus? Sie sind anspruchslos, zäh, unauffällig, ganzjährig verfügbar. Eigenschaften, von denen wir in unserer heutigen Zeit durchaus mehr gebrauchen können (lacht wieder).

80% der Besucher nutzen das Farnglasinstitut, um ihre Ideen für andere denkbar, fühlbar, erlebbar zu machen. Manche wissen gar nicht, wo ihre Grenzen sind, weil sie noch nie die Möglichkeit hatten, diese kennenzulernen. Daher arbeiten sie oft erst mal Tag und Nacht. Sie brennen vor Enthusiasmus und Energie. Das Farnglasinstitut ist ein magnetischer Ort.

Frau Aristorialla, Herr Agarwal, danke für das Interview.

Die Fragen stellte **Lilly Watanabe** für **news today**

Evolution

Ariana Aristorialla and Anthana Agarwal

'Would you like to create a new age?'

The glass inventor and the graduate biologist change great parts of the earth's surface and offer new possibilities for the visitors of the fern glass institute.

For decades Ariana Aristorialla, the glass inventor and Anthana Agarwal, the scientist and entrepreneur are part of the trendsetting people on this planet. They talk about their current activities with modesty and enthusiasm.

Mr Agarwal, we have known each other for many years and every time I meet you for an interview you have started something new in your life. Can you please explain to the readers of news today how you have created your new idea?
I am a biology professor and I have been head of the biological department of the MIT in Rishikesh for many years. Moreover, I have always been interested in the world of scents and so I became a perfumer for many well-known international brands. One day a French perfume manufacturer contacted me and asked me to create a fern scent for young men and women living in the cities. Fern scent! Unisex! Who knows about the scent of ferns? What young person in the town is involved in ferns?

That sounds thrilling. Have you taken up the challenge?
I hesitated and asked for time to think about it. In the following hours I did research into the topic ferns and found out what I did not know.

Ms Aristorialla, we have known each other for many years, too. You do not only invent everything around glass, but also yourself and your company. Which invention can you present to us today?
Anthana and I founded the fern glass institute. It is based on the idea that ferns have existed on our planet for billions of years. Ferns even survived dinosaurs. Some theories have been evolved which state that the spread of various species of ferns and plants whose roots go down deep in the soil have caused the earth's atmosphere to cool down to several degrees. Today you would call it 'climate change.'

Mr. Argawal, what exactly does that mean for your idea?
The MIT in Rishikesh gave me the possibility to change tree ferns genetically in such a way that they could survive in the desert, too. This experimental process lasted nearly two years and was successful.

In how far was it successful?
We met government representatives and decided to afforest great parts e.g. of the Sahara, but also deserts in other continents with tree ferns.

Ms Astorialla, Mr. Agarwal and you are multimillionaires. The afforestation of the deserts as an idealistic project? How have

you benefitted from it?

To be honest, earning money has always been great fun and was a great motivation for me. Anthana has actually made a fortune with registering the patent. He has invested one part in perfume shares, another part in an oversized glassy peacock which I created and manufactured. I created a glass in the research department of my glass inventor company which can contract and extend so that the blue peacock can change its size. Anthana and I are still delivering the industry up to 70% with innovative glass products and unusual ferns, e.g. most recently with Japanese ferns for a circus show. By the way, I have already lived the environmental thought at the foundation of my completely solar powered company.

Mr. Agarwal, so the new project is only a by-product for which you receive promotion free of charge?

Yes and no.

Our fern glass institute is standing next to my house. Ariana's monumental glassy peacock stands in the entrance. It is surrounded by fern plantation with fern species from all over the world for which Ariana partially led the glass houses built. She created the roofs with pliable glass she has invented so that we can adjust the size of the roofs to the growth rate of the tree ferns. Therefore, we only consume the energy which the plants really need.

In the fern glass institute researchers are putting together their knowledge from various points of views. Living peacocks eat the little cobras in the plantations without glass houses, warn against feline predators and storm. You can see a fern front and a glassy peacock feather: the fern feather and the eye of the glassy feathered.

Ms Aristorialla, what is your personal benefit?
My professional career was not running as smoothly as you might imagine. I always had phases when I had to think about how to continue. During these times I would have liked a place where I could try out things in an unbraked way.

Unbraked? In which direction?
Temporally, spatially, in terms of content. The fern glass institute is this place. We offer premises and amongst other things a specialist infrastructure where you can experiment a multitude of new possibilities under the generic term 'finally live your unlived life'. Would you like to create a new age? Have your children grown up and do you have the time to let off steam in another way?

Is it true that in terms of content it is mainly about exploring glass and fern topics from various points of view? You said that the participants leave the research results to the fern glass institute in return.
The additional rooms were built to create room for other disciplines, too. Or simply to have time for oneself to make friends with oneself (she laughs). What are ferns are ahead of us? They are unassuming, tenacious, discreet, available all year long. Qualities we can use much more of these days (she laughs again).

80% of the visitors use the fern glass institute to make their ideas possible to conceive, think, experience for others. Some do not know where their limits are, as they did not have the possibility to get to know them. Therefore, they often work day and night. They are burning with enthusiasm and energy. The fern glass institute is a magnetic place to be.

Ms Astorialla, Mr. Agarwal, thank you for the interview.

The questions were asked by **Lilly Watanabe** for **news today**

Teil 3/Part 3

Ein Morgen im Verewigungsland
Unsterblichkeit

Am nächsten Morgen geht Lilly mit Ariana durch das Farnglasinstitut. „Jemand, der teilgenommen hat, hat sich gewünscht, endlich Zeit zu haben, alle Menschen, in die er oder sie verliebt war (die Identität möchte der oder die Teilnehmende öffentlich nicht preisgeben) zu verewigen", erzählt Ariana. Die

Gedichte haben wir dann zusammen in für den Inhalt passende Glasgefäße graviert. Ich habe dafür Geld erhalten und er oder sie hat mir auch die Rechte an den Texten abgekauft. Wie man neue Kunden gewinnt! Sie lacht. Die Glasgefäße werden demnächst in einer Ausstellung in London gezeigt. Wenn die Menschen, in die unser Teilnehmer/unsere Teilnehmerin verliebt war, sich wiedererkennen in einem Text, dürfen sie das Glasgefäß mitnehmen. Wer möchte, kann auch ein Wiedersehen, vielleicht auch ein Rendezvous mit unserem Teilnehmer/unserer Teilnehmerin vereinbaren. Ariana schmunzelt.

Auf einem gläsernen Bildschirm liest Lilly:

Lachend besprachen sie die Themen,
die umgeben von Schemen
eines ähnlichen Humors
wie im gemeinsamen Ohr eines Chores
harmonisch widerhallten
und verhallten.

Eigentlich bedeutete es Abschied nach einer kurzen

gemeinsamen Arbeitsepisode,
die wie eine Ode
klang
an die Flugkraft,
die es schafft
wie ein Symbol zu sein
für ein Stelldichein.

Doch die Kraft, die in der Begegnung lag,
verbarg
vorsichtig
den Beginn des Wiedersehens
und des Verstehens
einer neuen Zeit,
die unweit
des bereits vergangenen Geschehens
gesehen wurde.

Lilly schweigt und spürt den Worten nach.

„Die Teilnehmende/der Teilnehmende war von der Tätigkeit des
Schreibens so fasziniert, dass er oder sie innerhalb von drei
Tagen nur drei Stunden und 33 Minuten schlief", erzählt Ariana.
Jetzt lacht Lilly. „Das ist eine Geschichte aus dem
Farnglasmärchenland", sagt sie. Sie geht zum nächsten
Glasgegenstand.

„Sie hob ein fünf Cent Stück auf
und kurz darauf

sah ich sie an der Theke stehen,
in meine Richtung sehen.

Sie trank Ginger Ale aus diesem Glas
und ich vergaß
die Disharmonie im Raum,
ging zu meinem Sommertraum.

Wenig später war sie weg,
im Versteck,
dass ich nie fand,
unerkannt."

A morning in the country of immortal life
Immortality

The next morning Lilly and Ariana go through the fern glass institute. 'Somebody who has participated has wished to finally have time to perpetuate all the people he or she was in love with. (The participant does not want to make the own identity public)', tells Ariana. Then we have engraved the poems together in glass vessels which fit to the content. I have received money for it and he or she has also sold me the copyrights to the texts. How to gain new customers!' She laughs. The glass vessels will be shown in an exhibition in London shortly. The people who recognize themselves in a text our participant was in love with can take away the glass vessel. Those who like can also organise a reunion, maybe even a rendezvous with our participant. Ariana grins.

Lilly reads on a glassy screen:

Laughing they talked about themes
which were surrounded by schemes
of similar humor
like in the joint ear of a choir.
They echoed in a harmonious way
and faded away.

Actually it meant farewell after a short working episode
which sounded like an ode
to the centrifugal forces

which managed without horses
to be symbol-like
for a date e.g. a hike.

But the power of the meeting
hided carefully and fleeting
the reunion's start
and an understanding which was not hard
of a new time in a jar
which was not so far
of what happened in the past part
of the story.

Lilly remains silent and feels the words.

'The participant was fascinated so much by the activity of writing
that he or she slept only three hours and 33 minutes within three
days.', tells Ariana. Now Lilly laughs. 'This is a story of the fern
glass fairyland', she says. They go to the next glass object.

She picked up five cent
started the event
quickly standing at the counter
looking at me for an encounter.

Out of this glass she drank Ginger Ale
and I did not fail
to forget the room's discord
listened to my summer dream's chord.

Not much later she was away
in a hideaway
I did not find ever,
unrecognized forever.

‹

Dolmetsch- und Übersetzungsdienst
Marion Wolters
Geprüfte Dolmetscherin Englisch

+++ Wirtschaft +++ Politik +++ Medien
+++ Energie +++ Literatur +++